AF260159

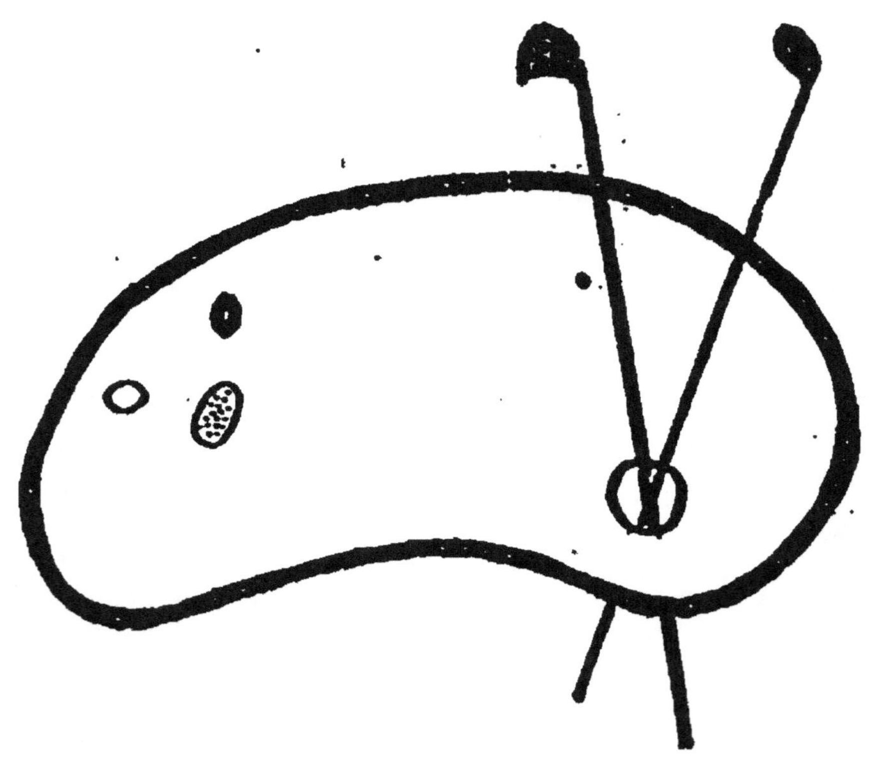

FIN D'UNE SERIE DE DOCUMENTS
EN COULEUR

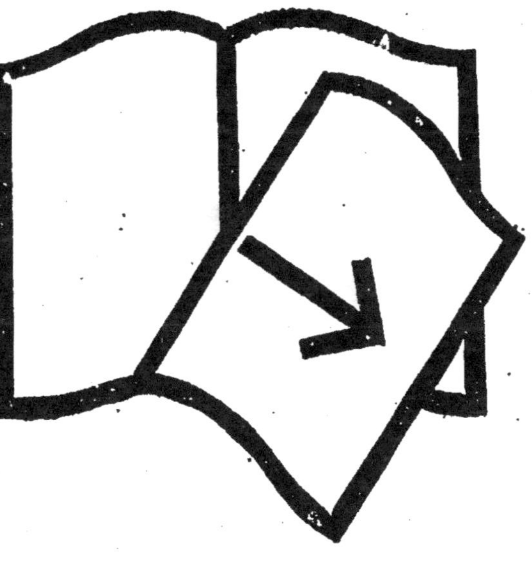

Couverture inférieure manquante

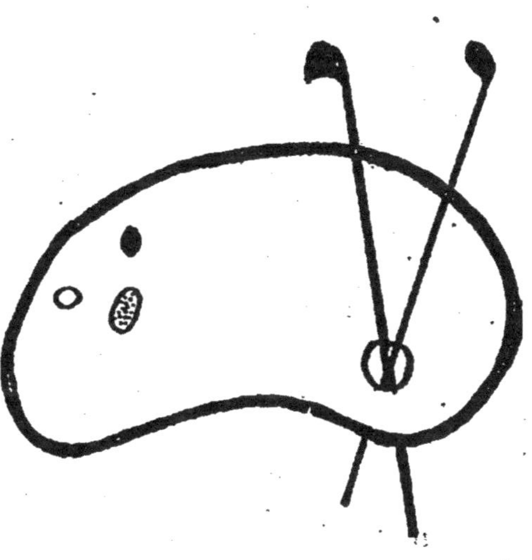

DEBUT D'UNE SERIE DE DOCUMENTS
EN COULEUR

LA SAVOIE

ET

LA TRIPLE ALLIANCE

PAR

UN SAVOYARD

« Et la contrée où sont
situées ces Thermopyles de
la République est aussi habi-
tée par des Spartiates. »
(GRÉGOIRE.)

PRIX : 50 CENTIMES

BORDEAUX

IMPRIMERIE A. ARNAUD

15, rue Arnaud-Miqueu, 15

—

1890

LA SAVOIE

ET

LA TRIPLE ALLIANCE

PAR

UN SAVOYARD

> « Et la contrée où sont situées ces Thermopyles de la République est aussi habitée par des Spartiates. »
>
> (Grégoire.)

PRIX : 50 CENTIMES

BORDEAUX

IMPRIMERIE A. ARNAUD

15, rue Arnaud-Miqueu, 15

—

1890

A MON FRÈRE BIEN-AIMÉ

CET ÉCHO DE NOS COMMUNES PENSÉES

La Savoie et la Triple Alliance

I

Que vous habitiez le sol adoré ou que vous soyez allés au-dehors chercher à l'aide de votre travail et de votre intelligence une honnête position,

Je vous salue, enfants de la Savoie, si le nom de la petite patrie vous fait toujours tressaillir, si un compatriote, quelque pauvre ou malheureux qu'il soit, trouve en vous un ami.

Si vous avez toujours, avec le cœur, un œil et une oreille dirigés de notre côté,

Je vous salue et vous crie : Alerte !

L'heure n'est peut-être pas loin où la patrie bien-aimée aura besoin de tous ses défenseurs, de tous ses enfants.

Jeunes, valides, accourez au premier signal!

Et vous dont le courage est enchaîné par l'âge ou les infirmités, alerte aussi! Vos soins, votre argent pourront aider vos frères, alléger des chagrins, soulager des misères, panser plus d'une blessure.

Vous tous enfin qui ne voulez pas voir mourir notre noble pays, encore une fois,

Réveillez-vous!

N'apercevez-vous pas de sinistres éclairs? N'entendez-vous pas les lointains grondements de la foudre!

Ne voyez-vous pas cette trinité de représentants du droit divin : le catholique autrichien, l'austère protestant germain et le libre-penseur italien, formant un tout homogène, se réunir dans une ligue qu'ils appellent *Ligue de la paix !*

Sans doute, le bonheur des peuples, dont Dieu ou le canon leur a confié la garde, est leur seul mobile. Ils ne rêvent qu'à préparer des jours de félicité à l'Europe.

Alors, pourquoi ces déploiements de force? Dans quel but multiplient-ils régiments, batteries et armes? Pourquoi cherchent-ils partout des alliances ?

Mais ne nous attardons pas sur ces interrogations inquiétantes et arrivons vite à mon sujet, dont le but exclusif est la Savoie et son sort au milieu de l'Europe troublée.

Si j'ai cherché avec passion, ailleurs, à saisir dans le passé les traces de cette misère qui a rendu nos ancêtres si malheureux et les forçait d'abandonner leurs foyers, n'ai-je pas ici le droit, moi, un de leurs humbles descendants, guidé par le seul amour de mon pays, d'essayer de percer un avenir gros d'orage, menaçant de nous faire revoir les jours les plus sombres de notre histoire?

Faire la lumière sur les dangers que nous courons, sur leurs origines, sur leurs conséquences, serait-ce vouloir pénétrer des secrets interdits au peuple? Je ne le pense pas.

Je ne crois pas que l'on puisse davantage m'imputer à crime de dire la vérité, si elle blesse des gens que nous avons tant aimés. Car nous ne demandions et ne demandons encore que la continuation des sympathies, des rapports de bon voisinage d'autrefois.

Nous avons fait notre devoir, et plus que notre devoir, dans ces rapports de peuple à peuple. Ce n'est pas nous qui, rompant avec le passé, avons hérissé nos montagnes d'armes, avons braqué des canons vers nos voisins. Ce n'est pas nous qui avons massé sur les hauteurs des troupes n'attendant qu'un signal de Berlin pour se précipiter à l'attaque.

Et quand le présent et l'avenir de 600.000 personnes sont exposés, j'irais mettre une sourdine à la vérité, à mon indignation ? Je me gênerais pour dire tout haut ce que chacun pense ?

Et pourquoi donc ?

Notre sang, nos biens, nos familles ne valent-ils pas le sang, les biens, les familles de ces Italiens qui se sont fait nos ennemis quoiqu'ils nous doivent en grande partie ce qu'ils sont ?

Et si, par pure ambition, il leur plaît de nous exposer aux plus grands risques que puisse courir un peuple, je devrais m'incliner et me taire ?

Non, certes.

Leur conduite est du domaine de l'histoire qui les jugera.

Quant à moi, si je ne puis froidement parler de ces sujets palpitants, j'ai au moins la confiance de ne pas m'écarter de la vérité. Or, la vérité, la voici.

II

Serviliter pro dominatione.
(TACITE.)

Malgré les mauvaises récoltes trop fréquentes de nos jours, nous ne pourrions, en retournant aussi loin que possible en arrière, trouver une époque où la Savoie ait été plus prospère, plus heureuse 'qu'elle ne l'est depuis 1860.

Aussitôt que nous fûmes officiellement au nombre de ses enfants, la France s'occupa avec une vive sollicitude de nos intérêts de tous genres, nous rendant en travaux publics, en améliorations, les impôts perçus chez nous.

En un mot, elle a plus travaillé dans notre intérêt pendant ces trente ans que le gouvernement paternel de nos princes pendant un siècle et plus.

C'est surtout après une longue absence que l'on est frappé des progrès accomplis : plaines, montagnes sont sillonnées de chemins ; certains villages ont été dépouillés de leur aspect triste et misérable; en dépit du pittoresque, on a éloigné les arbres des maisons, les cimetières du centre des villages; les sources d'eaux si belles et si limpides ont été captées et amenées au milieu des agglomérations d'habitations, et tout cela au grand profit de l'état sanitaire général. Les toits de chaume, si inflammables, se sont vu remplacer par de belles et bonnes ardoises, sortant elles-mêmes de milliers d'ouvertures pratiquées dans nos rochers. Autant qu'il a été possible, nos rivières et nos torrents ont été contenus, et non seulement l'inepte et coupable déboisement de notre pays a été arrêté, mais encore les roches, autrefois couvertes de verdure et d'arbres, hier dénudées, commencent, grâce aux soins de l'administration, à se couvrir d'un duvet de gazon et d'arbustes. La destruction du gibier, qui dans un intérêt fiscal serait devenue complète, a été enrayée ou au moins retardée par le relèvement du prix des permis de chasse. Dans la population la plus écartée, bien rares, même parmi les plus pauvres, sont les illettrés. Enfin, on peut dire que besoins moraux et matériels ont tous trouvé satisfaction, témoignage d'une sollicitude constamment en éveil.

L'avenir s'offrait à nos yeux sous les plus riantes couleurs, lorsque survint l'année terrible, laissant après elle un gros point noir sur l'horizon européen. Comment ce point noir planant sur l'Est seulement s'est-il dédoublé, et une partie est-elle venue menacer notre tranquille et pacifique Savoie ?

C'est ce que je vais expliquer. Mais pour bien mettre en lumière la noblesse de nos ennemis, l'élévation de leurs sentiments, il est nécessaire de faire un retour en arrière. Oh ! pas très loin, nous ne remonterons pas au déluge, mais à l'avènement du second empire.

Les rapports furent froids et même légèrement tendus entre le nouveau César français et son petit voisin, le roi sarde.

Ce qui les changea, les négociateurs et négociations qui intervinrent sont choses que j'ignore et que j'attribue au génie de Cavour. Dans tous les cas, ce fut une surprise pour l'Europe quand, au milieu de la guerre de Crimée, elle vit Victor-Emmanuel II se joindre à la triple alliance d'alors et envoyer un renfort de 1.500 hommes à l'armée alliée opérant en Crimée.

Cette recrue contre la Russie n'était décisive ni au point de vue militaire, ni au point de vue diplomatique ; elle fut sans influence sur les résultats de la guerre. Mais il fallait un prétexte pour faire entrer le grand ministre du petit état dans le concert européen, pour le faire intervenir dans le congrès, et surtout, car là était le but, pour lui permettre de se faire le porte-parole de l'Italie asservie, de poser des jalons en vue de l'avenir.

Le scandale fut grand dans la vieille Europe, mais qu'importait aux metteurs en scène! Ils travaillèrent dans l'ombre jusqu'au moment où un mariage, rapprochant les dynasties des deux pays voisins, et quelques propos calculés annoncèrent l'éclosion de grands projets.

Effectivement, en 1859, la France, lançant son armée, disait par la voix de son chef qu'elle voulait « l'Italie libre des Alpes à l'Adriatique.» Quant à Victor-Emmanuel II, il exultait (comme son fils plus tard) en exaltant dans de lyriques proclamations la grande nation et son chef « toujours prêts à se dévouer pour les nobles causes.» A chaque occasion, lui et ses ministres parlaient de la reconnaissance éternelle devant cimenter l'union indispensable des deux nations.

En France, peuple et gouvernants fermaient l'oreille aux conseils des gens sages appelés « critiques de parti pris, prophètes de malheur.» On chantait avec enthousiasme et attendrissement des chants populaires de circonstance dans le genre de ceci :

Italie,
Noble patrie,
Réveillez-vous, gémissantes cités.
Espérance,
Sœur de la France,
Nous défendrons tes libertés.

Et certes, on ne se contenta point de le chanter, on le fit vaillamment, et, dans la Péninsule, l'enthousiasme prenait des proportions inouïes pour tout ce qui était français.

Mais quel revirement, trois mois après, quand, au milieu d'une campagne victorieuse, Napoléon III signait à Villafranca une paix laissant son programme inaccompli !

Quel était l'auteur de ce coup de théâtre ?

Ce n'était certes pas l'empereur français, il l'a bien prouvé plus tard. C'était la Prusse, entraînant avec elle la Confédération germanique, la Prusse conduite par son roi Guillaume, ne prenant pas la peine de cacher son hostilité pour la libération de l'Italie et ceux qui y travaillaient, hostilité qu'il dissimula mal plus tard, étant empereur.

La liberté n'avait jamais été une déesse qu'il eût beaucoup honorée, chose qu'il eût pu faire sans sortir de ses Etats, en brisant les liens qui retenaient une partie de la Pologne dans sa dépendance. Mais il n'y songeait pas plus qu'à l'unité germanique, car il n'eut pas montré une si grande répulsion pour l'unité italienne.

De même que la France et le gouvernement de Victor-Emmanuel, il se trouvait dans un moment où peuples et ministres vont de l'avant en aveugles.

Les Italiens se montraient bien impolitiques en multipliant les portraits d'Orsini, les articles hostiles de journaux, les sifflets, les provocations contre la France et son chef, coupables de réserver l'avenir et de ne pas compromettre les résultats acquis dans une guerre où l'Allemagne entière entrait en ligne; et, chose étrange, dans leur emportement, ils oubliaient la cause, l'obstacle, c'est-à-dire la Prusse.

On s'étonne que cette attitude n'ait pas ouvert les yeux à Napoléon III en le dégoûtant de son don quichottisme. Si une partie de l'Italie, blessée dans son amour-propre, déçue dans ses appétits, transformait huit jours après Solférino son délire enthousiaste en imprécations, en cris de colère contre ses bienfaiteurs, la reconnaissance ne tiendrait pas grande place dans sa politique quand elle serait unifiée et puissante.

Malgré ce mouvement d'ingratitude vivement ressenti dans les régions du pouvoir, le gouvernement impérial ne modifia pas sa ligne de conduite et continua imperturbablement, comme le soleil du poète, à répandre des torrents de bienfaits sur ses blasphémateurs. Seulement, il réclama l'exécution d'accords précédents. L'agrandissement du jeune royaume, ses espérances d'unité que l'on aidait à réaliser, tout enfin faisait un devoir à la France de séparer Nice et la Savoie de l'Italie.

N'eût-il pas été étrange de voir notre petite patrie, française jusque dans la moëlle, être seule à ne pas profiter de ce principe des nationalités, alors le code de l'Europe?

Les deux gouvernements ne voulurent rien préjuger : ils se contentèrent de rompre les liens nous unissant à la monarchie sarde et nous laissèrent libres de faire notre choix.

Il n'y eut pas ombre d'hésitation. L'unanimité, à peu de chose près, se prononça pour notre annexion à la France, et ce noble pays put, sans remords comme sans crainte, reprendre ses frontières naturelles.

Était-ce donc là un réel sacrifice pour cette maison de Savoie qui, depuis deux siècles au moins, à chaque complication européenne, a négocié plus ou moins discrètement son berceau en échange du Milanais?

Nous étions à ses yeux un appât auquel tôt ou tard viendrait se prendre un gouvernement français. Pour la première fois, le troc s'était accompli, et, outre la province depuis longtemps convoitée, la maison de Savoie en avait eu d'autres qui n'auraient pu se joindre à la monarchie sarde sans le consentement et l'aide de la France.

Était-elle satisfaite de ces agrandissements inespérés, cette famille ambitieuse, ou bien cachait-elle de ces arrière-pensées dont l'équivalent ferait le déshonneur d'un particulier quand il illustre un ministre ou un souverain, comme s'il y avait deux morales ? Pensait-elle prendre tout ce qu'elle pouvait en Italie, se réservant de profiter de la première occasion pour reprendre la province française?

Je n'oserais le dire!

Toujours est-il qu'en 1860, peu de temps après l'annexion, on colporta dans nos montagnes un propos attribué au prince Humbert, alors isolé dans son rôle d'héritier présomptif, peu consulté, à la vérité, mais déjà aussi oublieux des services reçus que de l'autorité paternelle : « Si mon père, aurait-il dit dans un » cercle d'officiers, a cédé la Savoie, je vous » jure que je saurai la reprendre.»

Sans doute, en faisant ce serment, ce prince chevaleresque entendait rendre sinon l'or et le sang français répandus pour la cause italienne, au moins les provinces reçues en échange, car à quelle époque aurait-on des sentiments justes et élevés sinon quand on est jeune?

Il ne l'était plus sans doute, et il l'a bien prouvé, car, du moment où il a ceint la couronne, ces paroles, vraies ou fausses, ont semblé être la règle de sa conduite, et l'on connaît les compensations qu'il nous réserve.

Dans son amour passionné, non pour nous, mais pour notre territoire, il préférerait nous voir sujets d'une province italienne pauvre et malheureuse, après avoir essayé de nous purifier de nos attaches françaises par le fer et le feu, plutôt que de nous laisser heureux et tranquilles dans notre situation actuelle. Ce sentiment n'est pas nouveau dans sa famille, car en 1791 on attribuait ces paroles à Amédée III : « J'aimerais mieux voir la Savoie réduite en » cendres que révoltée. »

Nous comprîmes dès lors que loin d'être, ainsi que nous l'avions espéré, un gage de paix et d'union entre les deux nations se partageant notre cœur et nos souvenirs, nous allions être, au contraire, une pomme de discorde.

Mais dans nos prévisions les plus pessimistes, les plus aventurées, nous n'étions jamais allés jusqu'à supposer un oubli aussi rapide, aussi complet d'un passé récent; nous n'aurions jamais pensé que cette gratitude qui devait être éternelle, qui avait été étalée avec tant de fracas, serait si lourde à porter et se transformerait en une haine active et profonde dont nous devions être les premières victimes.

Qu'eût-il donc fait ce jeune prince si, pour le

bonheur de la France, il eût succédé à son père en 1860 ?

La Lombardie venait d'être ajoutée au royaume de Sardaigne, avec quelques petits États ayant secoué le joug de leurs princes. Mais l'Autriche, mais ces souverains dépossédés laissaient des partisans ! ! Ces révolutions avaient fait des mécontents ; il y avait l'armée autrichienne brûlant de venger ses défaites en recommençant Novare ! Qu'aurait pu faire ce royaume surpris en flagrant délit de formation, même avec Humbert à sa tête, si la France lui eût retiré son appui ? Aurait-il tourné ses regards vers l'Angleterre ? Il en eût obtenu de platoniques marques de sympathie ! Aurait-il adressé des supplications au roi de Prusse, flétrissant ouvertement et énergiquement la conduite du gouvernement italien ? Humbert aurait pu faire le tour de l'Europe, il eût échoué, à moins qu'oubliant sa gallophobie, il fut venu, comme son père, se confier à cette généreuse, mais peu prévoyante nation française.

Mais sans m'égarer plus longtemps dans des suppositions, je puis dire, l'histoire en main : Qui, de 1855 à 1870, n'a cessé de protéger l'Italie ? Qui, après 1860, a proclamé ce commode principe de non intervention, à l'abri duquel sut si bien manœuvrer Cavour ?

C'est la France; et si on l'a respecté, ce principe, c'est à cause des baïonnettes françaises que l'on sentait pointer sous lui.

Grâce à lui, les Etats romains furent diminués, l'expédition de Garibaldi sur Naples put réussir.

En 1866, Napoléon, voulant parfaire d'une façon indirecte son programme de 1859, poussa l'Italie vers cette Prusse qui ne se fit aucun scrupule de mettre sa main dans celle de gens dont elle avait hautement blamé les agissements scandaleux (1). Elle fit plus, elle s'ap propria les procédés jugés par elle si cou pables.

-----

(1) Voici des fragments d'une réponse faite, le 13 octobre 1860, à un mémorandum sarde, au nom de ce même roi de Prusse qui fut plus tard empereur d'Allemagne. Englobant dans une même réprobation et les principes exposés et les actes qui en découlent, le ministre prussien dit : « Une maxime aussi diamétralement opposée aux règles du droit des gens ne saurait trouver son application sans les plus grands dangers pour le repos de l'Italie et la paix de l'Europe. »

Plus loin, à propos de la violation et de l'usurpation d'une partie des Etats romains, il dit : « C'est en s'appuyant sur le droit absolu de la nationalité Italienne et sans avoir à alléguer aucune autre raison, que le gouvernement de S. M. le Roi de Sardaigne a demandé au Saint-Siège le renvoi des troupes non Italiennes

Le résultat de cette campagne fut la cession de la Vénétie; mais l'Autriche, victorieuse en Italie, et sur terre, et sur mer, ne voulut pas remettre directement cette province à sa vaincue. Elle employa l'intermédiaire de la France, et si Napoléon fut heureux de pouvoir une fois de plus manifester des sympathies actives pour l'unité italienne, quoique sans courtage, son intervention humilia nos enfants gâtés, gloutonnement désireux de faire sentir à leurs vainqueurs que triomphe seul qui triomphe le dernier.

Ce ne fut pas la seule fois que nous excitâmes la mauvaise humeur de ces alliés par trop susceptibles. A Mentana, dont on essaye d'exploiter le souvenir, nous arrêtâmes leurs

---

et que, sans même attendre le refus de celui-ci, il a envahi les Etats Pontificaux, dont il occupe à l'heure qu'il est la majeure partie. Sous ce même *prétexte*, les *insurrections* qui éclatèrent à la suite de cette invasion ont été soutenues ; l'armée que le Souverain Pontife avait formée pour maintenir l'ordre public a été attaquée et dispersée : et loin de s'arrêter dans cette voie qu'il poursuit *au mépris du droit international*, le Gouvernement Sarde vient de donner ordre à son armée de franchir les frontières du royaume de Naples dans le but avoué de venir au secours de *l'insurrection* et d'occuper militairement le pays.

• En même temps, les chambres *Piémontaises* sont

entreprises sur Rome, et ils ne nous le pardonnèrent pas.

Mais notre plus grand tort fut de nous être laissé battre par les Prussiens en 1870, car nous placions nos chevaleresques amis entre leurs devoirs et leurs intérêts. Nous étions les plus faibles, et ce fut la cause de la fin de cette communauté exclusivement à leur profit.

Comme les plantes tendant leurs têtes vers le soleil, l'Italie cherchera toujours à se rapprocher du plus puissant, et pour rendre une alliance avec elle durable, il faut avoir fait un pacte avec le succès.

Mais comme on n'ose du jour au lendemain tourner le dos à un ami uniquement parce qu'il est malheureux, on y mit quelque forme. Un

---

saisies d'un projet de loi tendant à effectuer de nouvelles annexions en vertu du suffrage universel, et à inviter ainsi les populations Italiennes à déclarer formellement la déchéance de leurs Princes. C'est de cette manière que le Gouvernement Sarde, tout en invoquant le principe de non intervention en faveur de l'Italie, *ne recule pas devant les infractions les plus flagrantes* au même principe avec les autres Etats Italiens. Appelés à nous prononcer sur de tels actes et de tels principes, *nous ne pouvons que les déplorer profondément et sincèrement ; et nous croyons devoir remplir un devoir rigoureux en exprimant de la manière la plus explicite et la plus formelle notre désap-*

ministre (inutile d'ajouter d'alors) eut même le courage de dire : « Ce n'est pas au moment où » la France est accablée par l'infortune que » nous oublierons ce qu'elle fit pour nous quand » elle était puissante. »

Je doute fort que de pareilles paroles puissent aujourd'hui servir de recommandation à celui qui les prononça ou à sa mémoire. Car les Italiens sont pratiques dans les choses sérieuses, et selon eux le pouvoir doit être exclusivement guidé par l'intérêt. Si des gens de la même école eussent gouverné la France en 1859, la

---

probation et des principes et de l'application que l'on a cru devoir en faire. »

Tudieu ! il n'y allait pas de main morte le porte parole du roi Guillaume ! Quel baptême de boue il s'est efforcé de donner à l'unité italienne ! Comme il a dû en coûter au roi qui inspirait de semblables philippiques et en ordonnait l'envoi de s'allier avec l'État résultant de ces violations successives du droit européen, de mettre sa main dans celle de ce roi, de ces ministres ayant coopéré à l'édification d'un si scandaleux édifice !

Vraiment, Messieurs les Italiens, vos alliés prussiens sont pleins d'estime et de sympathie pour vous !

En proclamant après Crispi *Roma intangibile,* en manquant de politesse à l'égard du pape dépossédé, le jeune empereur semble s'être peu soucié des sentiments de son *inoubliable* grand-père.

Lombardie et la Vénétie seraient encore dans les mains de l'Autriche, et l'Italie n'aurait pas cessé d'être ce qu'elle était sous Metternich quand il l'appelait « une expression géographique ».

Victor-Emmanuel, qui n'avait pas fait de visite au vainqueur de Sadowa, alors son allié, se crut obligé d'aller à Berlin après la campagne de France. Il y mit moins de transport, moins d'effusion que son fils, et d'abord il n'était rien dans l'armée Prussienne, pas même caporal. Il ne jeta pas son alliance à la tête de l'Allemagne, car il en avait déjà goûté et savait combien elle était amère parfois (1). Il n'eut pas l'idée d'aller parader à Strasbourg ou à Metz, car le souvenir de Venise et de Milan asservis était encore vivace chez lui. Il était trop fin, trop habile, pour ne pas se rapprocher des vainqueurs, mais il devait se dire que si on voulait une alliance on viendrait le chercher, et que plus on aurait besoin de lui, plus on lui offrirait. Dans tous les cas, il devait désirer qu'un revirement accentué ne se fît pas sous son règne, car en remontant le courant de sa vie que voyait-il ? En 1848 et 1849, l'armée

---

(1) Lire à ce sujet le livre du général et ex-ministre Lamarmora.

de son père écrasée, ce père lui-même obligé d'aller mourir au loin sous un ciel étranger, et lui, jeune prince, vaillant soldat, ramassant sa couronne, vraie couronne d'épines, dans le sang et les humiliations de Novare. Que d'agitations, que d'inquiétudes, même après que son dur vainqueur eût retiré son large pied du royaume sarde !

Le soleil ne brilla dans l'horizon du jeune roi qu'en 1855, quand il eut mit sa main dans celle de la France : c'est la Crimée, où le contingent sarde cueille sa bonne part de lauriers ; c'est le Congrès de Paris, où le petit Etat élève la voix et, devançant l'heure, se hisse à la hauteur des grandes puissances ; c'est en 1859, avec Montebello, Palestro, Magenta, Solférino, c'est-à-dire la lutte du droit contre la force ; c'est l'entrée triomphale à Milan, ce sont les princes vassaux de l'Autriche chassés de la Péninsule, les populations se groupant autour du roi élu ; c'est, en un mot, la vengeance faisant cortège à la victoire, c'est la réalité dépassant le rêve ! Et lorsque arrivé à ce faîte, regardant le chemin parcouru, pouvait-il se dissimuler que sans l'alliance constante de la France il ne serait pas allé si haut? Aussi, quand il mourut, son fils qui acceptait les bénéfices sans se préoccuper des charges, ce fils, qui connaissait le passé et paraissait presque infortuné de la popularité paternelle, chercha par quels moyens le deuxième roi de l'Italie pourrait égaler, sinon éclipser le premier. Il lui suffisait, pensa-t-il, de faire un sacrifice de conscience, d'étonner le monde par son ingratitude, de rendre le mal pour le bien. Et aussitôt on se mit à l'œuvre; car il fallait arracher des cœurs italiens les souvenirs des services rendus par la France, effacer la sympathie, la fraternité nées sur les champs de bataille.

On débuta dans cette voie en célébrant avec grand fracas le centenaire des Vêpres siciliennes, alors que l'indépendance italienne n'était menacée par personne, et par nous moins que par tout autre.

Il avait fallu remonter bien haut pour trouver un sérieux motif de haine. On s'en était emparé avec joie, espérant, grâce à lui, effacer les souvenirs de gloire commune, de libération, d'unité, qui tous criaient : France! France!

La page sanglante exhumée ainsi de l'oubli ne se retournait-elle pas contre eux qui voulaient s'en faire une arme et contre les générations passées ?

Elle disait bien qu'en un jour de colère une province italienne s'était levée et avait reconquis son indépendance en se plongeant dans le sang de ses oppresseurs, mais elle disait aussi qu'épuisée par cet effort l'Italie s'était endormie pendant des siècles dans des chaînes qui ne furent pas toutes de fleurs.

Elle disait que d'autres peuples ne prononçant pas mieux que nous le mot *ciceri* avaient foulé son sol, occupé ses plus belles provinces, et qu'ils ne furent pas chassés par des Italiens.

Quand, en 1815, la Lombardie et la Vénétie reçurent des liens, la France venait d'être écrasée. Et que l'on ne vienne pas reprocher à Napoléon d'avoir mis des membres de sa famille, des étrangers, sur les trônes de la Péninsule. Est-ce que, sans en excepter la maison de Savoie, il y a eu en Italie beaucoup de dynasties réellement italiennes ? Est-ce qu'une prince de la maison d'Italie n'est pas allé régner en Espagne ?

Cette page disait encore qu'en 1848 une étincelle s'échappant du brasier qui avait, à Paris, consumé le trône de Louis-Philippe était allée enflammer les espérances des patriotes italiens, qui se levèrent à Milan et à Venise en criant: « Aux armes! » Que Charles-Albert, à la tête de sa vaillante armée, marchait à leur secours, que le roi de Naples leur envoyait une armée, tandis que Pie IX, du haut de Rome, semblait les bénir. Pendant ce temps, l'ennemie (aujourd'hui l'amie !), l'Autriche, se débattait impuissante dans un inextricable réseau de soulèvements en Italie, en Hongrie, mettant à Vienne même la famille impériale en péril.

Où étaient-ils alors ces descendants des Romains, ces organisateurs du centenaire oublié ? Que faisaient-ils de cette énergie sauvage qu'ils exaltent chez leurs aïeux et qui déborde dans leurs discours, dans leurs paroles ?

Jamais moment n'avait été plus propice pour secouer le joug autrichien. On répondit même fièrement à la France républicaine offrant son aide : « *L'Italia farà da sè* ». Moi seule, et ça suffit !

Qu'a-t-elle fait ?

Elle a gaspillé ses forces, son sang, puis est retombée sous le joug allemand.... Et vous, farouches patriotes, si superbes dans cette fête avec vos discours préparés, que faisiez-vous alors ? Vous avez courbé la tête.... attendant... quoi ? la France et 1859.

Car votre histoire entière me donne le droit de dire : Vous ne savez montrer de l'énergie qu'à côté de nous ou contre nous.

Outre cette exhumation d'antiques ressentiments, la presse officieuse fut chargée de nous déchirer. Il fallait faire croire que l'Italie, blessée dans son amour-propre, dans ses intérêts, l'était de notre fait. On envenima de mensonges la question de Tunis, on dénonça le traité de commerce, après quoi on s'empressa de faire voter par les Chambres un tarif général devant servir de base aux futures négociations, et les facilitant comme une camisole de force aiderait les mouvements d'un nageur. Et lorsqu'on ouvrit des négociations, avait-on sérieusement envie d'aboutir? Ce traité devait être fait sur le canevas tracé par les Chambres italiennes et un délai fut fixé pour la réponse !

Peut-être espérait-on que nous allions faire le sacrifice de nos intérêts pour récompenser la nation sœur de s'être liguée contre nous et pour l'aider à trouver les ressources nécessaires pour nous faire la guerre ?

Je trouve même qu'il était audacieux de nous proposer dans ces conditions, quand d'un moment à l'autre la guerre peut éclater, un traité de commerce qui est en somme un gage de bonnes relations. C'était audacieux et habile. Car si la France signait le traité dans les conditions fixées, notre voisine s'engraissait à nos dépens et pouvait avec facilité se préparer à nous combattre. Si au contraire nous refusions, c'était donner au cabinet du Quirinal le *pré-*

lexte de dire au peuple, quand le commerce diminuerait et que les produits du sol s'amoncelleraient invendus, quand surviendraient les désastres financiers et industriels, quand, enfin, le peuple qui fait nombre et compose les bataillons serait atteint : « C'est la faute de la France. »

Et tout cela avec la même vérité que ces bruits d'attaques soudaines contre la Spezzia et de restauration du pouvoir pontifical, bruits qui, suivant le besoin de la triple alliance, éclatent de temps à autre dans les feuilles reptiliennes et ne trouvent créance que chez les gens sans cerveau ou bien chez ceux dont la consigne payée est de croire et de propager.

Cette attitude de notre prétendue sœur et de ses alliés aurait dû nous donner à réfléchir. Avouons que nous avons admirablement fait le jeu de nos ennemis et qu'on eut grand tort de laisser chez nous la rue, la place publique aux bruyants, aux exaltés de bonne foi et à d'autres.... de façon à laisser croire que les idées se produisant avec grand fracas étaient celles de la nation entière.

Combien de fois ai-je entendu traiter ces questions, et presque toujours, avec la plus grande sagesse.

Il est vrai que c'était par des paysans, des

travailleurs, de modestes propriétaires ou ren-
tiers, des employés, tous gens non tapageurs,
aimant le travail, la paix, ayant souci de l'avenir de la France auss¹ bien que de son honneur.
Et quoique la partie sensée de la population
soit la plus nombreuse, il est rare de la voir se
lever pour faire taire l'infime minorité essayant
de faire croire, à force de bruit, qu'elle est le
nombre, et faisant courir des risques au pays ;
car elle sait bien, cette minorité, que les sages
sont trop habitués à compter sur les gouvernements.

Si on les eût écoutés, ces sages, nous nous
serions, après 1871, recueillis en pansant nos
blessures, nous aurions concentré tous nos
efforts à nous précautionner contre l'avenir.

« Mais l'Alsace-Lorraine, l'abandonnerez-
vous ? » beuglent des braillards, essayant de
faire croire par leurs cris qu'ils ont le monopole du patriotisme. La sauverez-vous par votre
tapage ? leur répondrai-je. Si vous êtes sûrs de
pouvoir nous la rendre, hâtez-vous d'en indi-
quer le moyen à nos gouvernants, qui y ont au
moins un aussi grand intérêt que vous. Si, au
contraire, vous risquez non seulement de rendre sa perte irrévocable, mais encore de provo-
quer un nouveau démembrement, alors, de
grâce, taisez-vous, mettez un frein à votre soif

de popularité de mauvais aloi et ne feignez pas d'ignorer le mot si sage et si français de Gambetta sur notre blessure : « N'en parlons jamais; pensons-y toujours. »

Vous avez déjà servi Bismarck en tenant l'Allemagne en alerte par le bruyant étalage d'une haine aussi dépourvue de dignité que d'habileté. Grâce à vous, les particularistes et les socialistes allemands se sont tus.

Vous êtes cause que le chancelier de fer a tout négligé, même les insultes à son drapeau, pour ne pas se laisser détourner de son but qui est de multiplier les alliances autour de nous, afin de nous étreindre dans un cercle de fer et de nous faire la guerre sur tous les terrains.

Vous avez été un instrument dans ses mains habiles quand, par vos injures au roi d'Espagne, vous vous êtes efforcés de nous donner un ennemi de plus, alors qu'un accueil glacial et le vide autour du jeune colonel de hulans eussent été autrement expressifs et convenables.

Vous avez crié par dessus les toits nos plus petites découvertes militaires, nos moindres travaux, comme si nous n'avions pas assez d'espions autour de nous.

Vous jetez au vent de grands mots, et vous faites de petites choses.

Vous divisez quand il faudrait étroitement

unir. Est-ce que la pensée d'une défense victorieuse ne devrait pas tout dominer chez nous?
Ne devrait-elle pas être le guide suprême de
nos actes, de nos paroles, de nos pensées,
aussi bien pour les particuliers que pour les
pouvoirs ?

Et quand je lis certaines choses, je ne puis
m'empêcher de dire : Tapageurs, tapageurs,
vous servez trop bien nos ennemis pour que
quelques-uns d'entre vous ne soyez pas à sa
solde.

La France n'est pourtant pas la seule nation
qui ait été battue, mais les autres ont pratiqué
le conseil de Thiers : « L'avenir est au plus
sage ! » Soyons-le, enfin, laissons pour des
époques plus tranquilles, moins menacées, les
questions irritantes ; pas de révolution, amé-
liorons notre gouvernement sans secousses ni
troubles, et surtout plus de ce don quichottisme
qui nous a fait semer les bienfaits dans le
monde entier et ne nous rapporte aujourd'hui
que haine et ingratitude.

Il est tellement dans notre tempérament de
faire du bien, que nous en faisons sans le vouloir. N'est-ce pas nous qui donnons en ce
moment de l'importance à notre dernière créa-
tion, l'Italie ?

Pourquoi ses offres d'alliance ont-elles fini

par être acceptées ? Parce que l'Allemagne espère ainsi nous écraser ou nous réduire à l'impuissance.

Sans cette préoccupation, le traité qui fit exulter le roi Humbert au point de lui faire perdre la mémoire n'eût jamais existé. Rendons-la inutile par notre sagesse, cette œuvre de ténèbres qui semble redouter la lumière.

On a beaucoup parlé des immenses avantages qui y étaient faits à nos anciens alliés. Ils ont mis trop d'empressement à offrir le concours de leur haine pour qu'on le leur ait acheté un bon prix. D'ailleurs, l'Allemagne ne sera jamais aussi généreuse (j'allais dire aussi dupe) que la France. On ne la verra pas laisser ses alliés l'égaler en puissance ; elle connait trop bien les gens et l'histoire pour cela. Qui sait même quel écœurement la conduite de l'Italie envers la France a produit au fond des cœurs allemands (1) non aveuglés par la gallophobie ?

Car, en définitive, si la patrie de ces Germains est grande, ils le doivent à eux-mêmes et à nos sottises, mais leurs triomphes n'ont pas été souillés d'ingratitude.

La diplomatie des héritiers de Machiavel

----

(1) N'est-ce pas Bismarck qui disait : Dieu a fait l'Italien à l'image de Judas ?

aurait beau s'agiter, si une détente sérieuse dans nos rapports avec nos voisins de l'Est survenait, le jeune royaume ne compterait plus guère et s'empresserait de changer et d'allures et de langage.

A cet égard, le passé nous sert d'enseignement, car les Hohenzollern s'entendent admirablement à pratiquer l'axiome formulé par le plus grand d'entre eux : « Quand on a tiré d'une orange tout le suc qu'on en désirait, on jette le reste. »

Nous avons vu Guillaume, alors qu'il était simple roi de Prusse, ne laisser deviner, ni dans sa conduite, ni dans ses notes diplomatiques, la moindre tendresse pour la maison de Savoie ou pour la liberté de l'Italie, au contraire ; plus tard, quand des intérêts communs ou plutôt des appétits et une situation à peu près identiques le rapprochèrent de l'Italie, la lune de miel ne fut pas sans nuages, car les allemands traitèrent fort cavalièrement leurs alliés et surtout l'armée du jeune royaume. Il faut avouer qu'ils n'ont guère changé depuis lors et qu'ils ne prennent pas la peine de gazer le métier de pédagogues que leurs généraux remplissent constamment en Italie.

Malgré ses instances et les preuves données de sa haine contre la France, combien de temps a-t-on laissé Humbert se morfondre dans l'antichambre de la triple alliance ?

Et quand, postulant infatigable, son abnégation et sa persévérance obtinrent la récompense qui le fit exulter, comment fut-il admis dans la coalition ? Comme pis-aller, à la sortie du czar Alexandre III.

Même après cela, l'Allemagne se gêna-t-elle pour laisser éclater son dédain ?

On se souvient encore des paroles hautaines que du haut de la tribune Bismarck laissa tomber sur son allié : « L'Italie n'est pas un peuple dont l'approbation ou la désapprobation puisse nous préoccuper ! »

S'est-il soucié, ce souverain ministre, de cet ami d'occasion quand il fit la cour au pape, quand dans des actes diplomatiques destinés à la publicité il traita, lui fervent protestant, Léon XIII comme un souverain et un souverain non spirituel ?

A qui fera-t-on croire que l'accueil glacial fait à Vienne au fils de Victor-Emmanuel déplut à Berlin ?

Ce serait donc aussi contre les vues du chancelier que l'empereur François-Joseph s'abstient de rendre à son voisin la visite reçue jadis ?

Le croire serait fermer les yeux à l'évidence,

car la vérité qui éclate est celle-ci : les deux empereurs ont vis-à-vis de leur royal allié l'attitude de gens voulant bien se servir d'un tiers, mais sans trop se commettre avec lui. Les dernières entrevues de Guillaume et d'Humbert ne changent rien à cette appréciation.

Sait-on toutes les amertumes que ce roi doit à son ambition ? Ne peut-on attribuer à ces sensations étouffées la nervosité du gouvernement royal ?

Car pour montrer que l'on est fort, si un journaliste français est irrévérencieux avec la nation sœur, si un douanier, pourvu qu'il soit français, s'amuse à mal faire ce qui a été fait *avec moins de respect* un peu partout et surtout en Italie, s'il charbonne sur un mur de royales moustaches, si enfin une épingle gauloise éraille un tantinet l'épiderme italien, aussitôt les plumes grincent, les éperons résonnent, tout est en mouvement : presse, diplomatie, gouvernement, et à travers toutes les périphrases se distingue la menace non de l'épée italienne, mais de celle du grand frère. Puis on attend comme récompense un sourire et un encouragement de Vienne ou de Berlin.

Et dans ce concert de haines aussi aveugles qu'injustes se mêle toujours, prétend-on, une voix féminine, car il serait une dame pour qui la guerre contre la France est un rêve depuis longtemps caressé ; elle aspirerait après le moment où un parfum de sang et de cadavres l'enveloppera, où les cris, les râles des mourants, des blessés, des affamés se mêleront aux sanglots des veuves, des orphelins, des opprimés. C'est noble, c'est beau, c'est grand ! Ce n'est certes pas peuple ! oh non !

Un personnage, raconte-t-on, aurait dit que le principal mobile de l'Italie est d'effacer dans un bain de sang tiède les souvenirs de Custozza et de Lizza.

Il n'est pas de meilleur moyen pour cela que de s'attaquer aux vainqueurs de ces deux journées, aux Autrichiens. Si toutefois elle tient à nous donner la préférence, convaincue sans doute qu'en cas de victoire le nettoyage de son honneur serait alors plus complet, qu'elle aligne dans une plaine dix mille hommes contre autant des nôtres, et alors la démonstration sera faite. Mais elle ne veut ni de cette logique, ni de cette démonstration ; elle a vu l'Autriche, l'Allemagne et la Russie groupées : aussitôt l'envie lui prit de se joindre à ce concert. Seulement la Russie se retira, et, tout bien calculé, l'Italie se dit qu'unie aux deux autres alliés *le groupe de la paix* réunirait pour la guerre un nombre de soldats deux ou trois fois supérieur au nôtre, sans compter les satellites que ce groupe, toujours de la paix, ferait surgir le jour de la déclaration de guerre, puis elle passa le Rubicon sans aucune ambition, dit-elle, mais dans le seul but de maintenir la tranquillité européenne !

Si cette prudence est flatteuse pour notre faiblesse et prouve une grande prévoyance, elle détonne chez un puissant, alors que son grand-père, dans des circonstances bien plus critiques, disait fièrement : *L'Italia farà da sè.*

Quel tour de force sera la proclamation annonçant que l'Italie tourne ses armes contre ses libérateurs !

Et dire qu'à la fin du XIXe siècle, au moyen d'excitations factices, on peut encore pousser les peuples les uns contre les autres, on peut jongler avec le sang, la fortune des populations, en restant toujours soi-même à l'abri de la plupart des risques que l'on fait courir aux autres, et surtout à l'abri de la misère et de la faim.

Les *Te Deum* des rois ne cesseront donc pas encore d'être les *Miserere* des peuples ?

Mais ceux qui cherchent ainsi la gloire et le profit tout en ne croyant pas courir grand risque, ne peuvent-ils pas se tromper ?

Et alors....

On affirme qu'au nombre des peaux d'ours

qui ont été vendues à l'Italie se trouverait la
Savoie (1). Puis des écrivains trop familiarisés
avec les héros de Plutarque ont prétendu que
le fils n'oserait défaire ce qui avait été fait par
son père. Sans m'arrêter à des questions oi-
seuses, je chercherai avant tout quel pourrait
être le sort de mon pays.

Qu'on ne se le dissimule pas, on est de cœur
et de raison français, et profondément français
chez nous, et si la perspective de la guerre n'a
rien d'agréable, ont est résolument disposé à
seconder d'une manière énergique l'action des
troupes chargées de nous défendre en défen-
dant la France, chargées de repousser toute
agression. Mais il est évident que nous souffri-
rions énormément de la lutte, ne serait-ce que
sur les points ouverts de notre territoire. Telle

---

(1) Si l'on ne connaît pas le texte du traité liant
l'Italie à l'Allemagne, la conviction générale fait figu-
rer notre pays au nombre de ceux que la triple alliance, par pur amour de la paix, et bien contre
cœur, a désignés comme devant être enlevés à la
France de nouveau vaincue. Nous figurons d'ailleurs
depuis 1860 au nombre des larmes de l'Italie. Car la
politique a fait adopter par la mode, dans ce pays, des
chaînes de montre en forme de chapelet ; mais pour
ne pas faire de jaloux, les grains sont uniformes et
régulièrement espacés : chacun représente un regret

serait la première preuve tangible du vif intérêt que nous porte S. M. Italienne.

Sans examiner par le détail les autres té-
moignages de sympathie que ce souverain nous
ferait donner libéralement, je me demande quelle
serait sa conduite si par ses armes, ou malgré ses armes, — ça s'est vu, — il avait à se
prononcer sur notre sort.

Comment s'y prendrait-il pour nous an-
nexer ? car la force brutale éprouve toujours le
besoin de se couvrir d'une apparence de droit.

Invoquerait-il le principe des nationalités ?
Qu'avons-nous de commun avec l'Italie ? La
fraternité latine, des souvenirs ? Mais quel cas
fait-elle elle-même de tout cela ? Tout, au con-

---

ou une larme de la pauvre Péninsule, et ils sont
nombreux. C'est l'*Italia irredente*.

Mais, chose étrange, ces larmes multiples sont nées
le jour où ont été séchées les deux vraiment sérieuses
qu'eût notre voisine, le jour où la Lombardie et la
Vénétie furent délivrées du joug autrichien.

Je me hâte de reconnaître que ces douleurs, pour
si peu de fondement qu'elles aient, sont de bonne
composition ; en filles bien apprises, elles savent avec
beaucoup d'opportunité s'adoucir ou s'éclipser. Ainsi,
après les guerres de l'Indépendance, Rome et le Tyrol
seuls faisaient pousser des gémissements, et si l'on
soufflait un mot des autres, c'était à voix basse ; mais
cela changea après nos défaites et quand Humbert

traire, nous sépare d'elle matériellement et moralement : nos montagnes, nos mœurs, nos goûts, nos aspirations, nos intérêts, nos habitudes, etc.

Et la langue !

Est-ce en italien que nos grands écrivains ont écrit leurs immortels ouvrages ?

Sont-ils italiens les mots que balbutient nos enfants dans leurs berceaux, que nos fiancées murmurent à nos oreilles, qu'exhalent nos vieillards avec le dernier soupir?

Est-ce le mot *Savoya* qui fait bondir nos cœurs et précipiter dans les bras les uns des autres, riches, pauvres, grands, petits, tous ceux enfin qui sont nés sur cette terre adorée ?

---

se fut jeté dans les bras des fervents amis de l'Indépendance italienne : l'Autriche, la Prusse !! On mit alors une sourdine, au moins officielle, à la douleur Tyrol. Puis, pour ne pas laisser oisives les glandes lacrymales de la nation, on s'apitoya sur Nice, la Savoie, la Corse, la Tunisie, la Tripolitaine, etc., etc., méchamment séparées de leur bonne mère, et l'on convia les deux amis couronnés à réciter en commun le nouveau rosaire italien. Les circonstances, pour peu qu'on les aide, pourront faire remettre à l'ordre du jour la larme Tyrol, en y ajoutant peut-être Chypre, Jérusalem, Malte, etc., car l'empire d'Auguste était grand, et les Italiens ne sont-ils pas les héritiers naturels des Romains leurs ancêtres ?

Non, c'est le mot français *Savoie* !

C'est lui qui, depuis des siècles, jeté dans les mêlées, élève nos âmes, surexcite notre courage en nous montrant, comme dans une rapide vision, l'héritage de gloire et d'honneur que nous avons à conserver.

Il ne saurait être question de nationalité. Eléverait-on pour la circonstance la revendication du berceau de la famille à la hauteur d'un principe ? Mais ce serait constater qu'il est encore à notre époque des peuples formant l'apanage d'une famille, laquelle famille aurait le droit de les négocier, de les brocanter selon son bon plaisir ! Ne serait-ce pas, d'autre part, ouvrir la porte à une série de revendications aussi légitimes, mais dont le résultat ne serait pas une augmentation du calme de l'Europe ?

Les Habsbourg pourraient faire valoir la possession de la Lorraine par leurs ancêtres ; la maison d'Angleterre produirait de semblables titres sur le Hanovre ; l'ex-empereur du Brésil exhumerait les siens sur le Portugal ; le roi de Suède pourrait s'empresser de rappeler que Pau et le Béarn ont été le berceau de sa famille ; don Carlos demanderait à remplacer Christine ; peut-être Humbert profiterait-il de ces revendications pour rappeler aussi que son père fut roi de Chypre et de Jérusalem. Enfin, pour abréger cette énumération, on voit en Europe des dynasties ayant, en parchemins, les titres les plus respectables sur les plus belles provinces du pays où fleurissent en commun la gratitude et l'oranger. Et vraiment, ce serait embarrassant pour des gens moins scrupuleux que les Italiens ; mais à la maxime : la force prime le droit, à ce nouveau code à l'usage des princes, il leur, suffirait d'ajouter cette restriction : « Ce système est à l'usage des seuls souverains ayant la force nécessaire pour l'appliquer. »

En admettant qu'il soit possible au monarque de toutes les Italies *irredentes* et autres de remplir cette condition : Qui êtes-vous? lui demanderions-nous. Le chef de la maison d'Italie, car celle de Savoie est morte le jour où votre père l'a solennellement reniée en devenant Victor-Emmanuel Ier après avoir été Victor-Emmanuel II.

Vous-même vous avez confirmé avec apparat cette répudiation en prenant le nom d'Humbert Ier, alors que trois Princes de la défunte maison de Savoie avaient déjà porté, et avec honneur, ce nom.

Il n'est pas admissible (dans le peuple au moins, la conscience publique se soulèverait et les lois elles-mêmes s'y opposeraient) que l'on puisse à volonté et suivant l'intérêt du moment, accepter ou renier sa famille, changer de nom avec la désinvolture qui fait alterner les uniformes italien, allemand et autrichien.

La conclusion de tout ceci est naturelle et logique : la Savoie n'a rien de commun avec la maison d'Italie.

Mais à tous ces principes d'occasion, au droit divin, à toutes les arguties, à tous les expédients, il y a quelque chose de supérieur : c'est le seul moyen admissible à notre époque, entre nations civilisées, de changer les destinées d'un peuple, celui qui deux fois dans moins d'un siècle nous a rattachés à la France ;

Celui qui découle de ce fait qu'un assemblage d'êtres pensants ne saurait être assimilé à un troupeau, traité comme une marchandise changeant de propriétaire sans être consulté ;

Moyen surtout obligatoire pour un gouvernement portant une étiquette libérale ;

Obligatoire pour un prince se disant roi par la volonté nationale ;

Moyen indispensable pour défaire ce qu'il a fait :

Ce moyen, c'est la volonté du peuple consultée par le suffrage universel.

Mais on reculerait avec raison devant cette consultation.

Car la génération actuelle sait par elle-même ou par ses anciens comparer les régimes français et italien.

Elle sait le rôle de malheureuse Cendrillon qui nous attendrait dans ce royaume.

Elle a lu, elle connaît l'histoire, elle voit celle qui se déroule sous nos yeux : l'intérêt, la cupidité, décorés de jolis noms, devenant la règle suprême de tant d'hommes d'Etat. Et puis le charme est dissipé, on juge aujourd'hui les souverains comme les particuliers, et combien remplacent par la grandeur morale le prestige que la couronne seule leur donnait autrefois?

Et nous, Savoyards, pourrions-nous être prévenus en faveur de gens dont la préoccupation constante, depuis des années, est de nous arracher à notre patrie naturelle, à notre bonheur, en portant les ravages de la guerre dans notre paisible patrie?

Et quand les maisons qui nous ont vu naître seraient en cendres ou en ruines, quand les champs, les arbres qui nous ont nourris seraient dévastés ; quand nos terres, après avoir été engraissées de nos sueurs, le seraient de notre sang, de nos cadavres ; quand tout ce qui donne le pain : commerce, industrie, agriculture, aurait été anéanti, que les villes et villages seraient déserts, on oserait espérer que, réveillés par des souvenirs lointains, liés par les bienfaits que nos ancêtres ont répandus sur la famille de Savoie pendant des siècles, les survivants de tant de désastres, sortant des profondeurs de la terre, se traîneraient mourants de faim, l'âme angoissée, à travers ces champs de carnage et les mains encore teintes du sang de nos victimes, pour aller déposer dans l'urne le vote qui nous donnerait à nos bourreaux !

Non, non, la fraude et la terreur pourraient seules opérer un tel miracle.

Il ne resterait à ce souverain d'Italie et à ses conseillers qu'à déchirer l'œuvre de ce roi qu'on feint de tant respecter, de Victor-Emmanuel, qu'à se conduire en soudards, qu'à continuer leur cour à leurs alliés en les copiant. C'est-à-dire à confisquer la Savoie sans phrases, comme fit l'Autriche pour la Vénétie et la Lombardie, comme a fait l'Allemagne pour une province danoise et pour deux provinces françaises. Ce serait splendide de respect filial, de libéralisme, d'honnêteté et de logique.

Mais que leur importe, ils ont la force qui, disent-ils, prime tout. La raison d'Etat couvrirait de son manteau si complaisant une iniquité de plus.

Et cette volonté nationale, invoquée contre l'Autriche, contre le pape, contre les autres princes d'Italie, qui fait si bien dans un discours, que l'on encense si on a quelque chose à lui soutirer, pour cette fois on la traiterait comme doivent être, dit-on, traités les poëtes : elle serait couverte de fleurs et mise à la porte. C'est alors que je verserais des larmes amères sur ma Savoie adorée !

Elle qui, sous ses princes, avait pour cacher sa misère une situation privilégiée, avec son sénat, sa cour des comptes, sa brigade qui ne perdit jamais le droit de parler français, quand le reste de l'armée ne connaissait que l'italien ; elle qui donnait son nom à l'héritier de la couronne ; elle dont la noblesse, le clergé et même la bourgeoisie jouissaient dans tout l'Etat d'une haute considération, elle deviendrait une province perdue dans ce royaume dont l'insatiable ambition et la politique sans moralité ne promettent que secousses, guerres, troubles, révolution et misère !

Tandis qu'unie à la France elle est à la place qui lui a été assignée par la nature, participant à toutes les provisions d'air, de lumière et de chaleur que possède la nation ; en communication avec tous par la parole, par les journaux montant jusqu'au hameau le plus élevé. Grâce à eux, l'humble berger est en communication d'idées avec 36 millions d'âmes, mû par la même espérance, la même joie, la même colère, souffrant de la même douleur. Et cet homme que le sort a fait pauvre peut, à condition d'être honnête, sans payer d'impôts, non seulement être électeur, c'est-à-dire choisir son représentant, mais encore être éligible. Une vie d'ilotes remplacerait dans cette Italie les gâteries dont nous avons été si souvent l'objet de la part de la France comme derniers venus. Bien-être, vie commune, joie, confiance, espoir, tout s'évanouirait pour nous, la partie française de notre histoire devrait, comme de vieux portraits gênants, être jetée aux oubliettes.

Et la langue, la conserverait-on? Ferait-on pour nous seuls les frais d'une école normale, d'un corps d'enseignement supérieur, de livres classiques, de lois, de règlements, de circulaires imprimés en français?

Quelques députés arrêteraient vite ces dépenses en demandant l'application du droit commun (1).

Or le droit commun pour nous serait l'obli-

---

(1) Voyez ce qui a été fait dans la province d'Aoste, où l'usage de la langue française se perd grâce aux efforts du gouvernement.

gation d'employer interprètes et secrétaires dans toutes nos relations verbales ou écrites avec les autorités, les administrations, les fonctionnaires de tout genre. Ce droit commun nous condamnerait à avoir des députés sourds-muets, ne pouvant pas plus entendre que se faire écouter. Permettrait-on d'ailleurs, à Rome, l'usage de cette langue qui éclaterait à Monte-Citorio comme la voix de la conscience et du remords ?

Nous serions dans un état d'infériorité complète et sans espoir, vis-à-vis de toutes les autres provinces de la Péninsule, pour l'instruction de nos enfants, pour les concours, pour les carrières administratives, pour le commerce, pour l'industrie, pour tout enfin.

D'autre part, magistrature, armée, fonctionnaires, campés au milieu de nous comme des étrangers, sans liens, sans rapports, sans sympathies avec la population, ne seraient certes pas enclins à la bienveillance.

Mais cet état ne pourrait être que transitoire, répondra-t-on, d'une durée de vingt-cinq à trente ans, et quand vous connaîtriez l'italien...

Merci mille fois ! abandonner la langue de nos pères, renier ou cacher une partie de notre passé, et non la moins brillante, tout apprendre et tout oublier, souffrir en silence, devenir en un mot les Alsaciens-Lorrains de l'Italie, trente ans après avoir brisé les chaînes de la Lombardie, voilà la perspective qui nous serait offerte, et malheur à celui qui se serait montré au service de la France bon soldat, bon citoyen !

Et à nos chaînes politiques se joindraient celles de la misère. Qui donc relèverait les ruines faites par la guerre ? Qui donc aiderait l'agriculture, notre première ressource? Qui favoriserait d'une façon efficace le commerce? Qui remplacerait les capitaux français jouant un si grand rôle dans notre industrie ?

Serait-ce cette Italie qui, jeune d'âge, a déjà l'esprit positif et égoïste des vieillards? Serait-ce cette Italie dont les finances obérées avant la guerre auraient été mises à sec par des dépenses inouïes ?

Où donc prendrait-elle l'argent nécessaire ? Où prendrait-elle surtout le désir sérieux d'en dépenser pour nous ?

Loin de le répandre sur notre pays, elle reprendrait bien vite la tradition des princes de Savoie en aspirant notre argent, en l'absorbant. Elle établirait de nouveaux impôts semblables à ceux dont elle a le secret, c'est-à-dire pesant particulièrement sur la classe pauvre,

tels que la mouture, le monopole du sel, etc.
Je ne désespérerais même pas de voir un anti-
que et farouche ami du peuple, changeant d'i-
dole, proposer d'établir une taxe sur les eaux
potables non distillées, et d'exhumer à notre
intention l'édit que Vespasien justifia devant
les Romains en proclamant que l'argent n'a
pas d'odeur.

Tel serait à peu près le sort qui nous attendrait avec l'Italie. Le peu de commerce et d'a-
griculture qui par miracle aurait survécu à
tant de désastres ne tarderait pas à mourir
d'épuisement, ayant son écoulement naturel
fermé par les douanes du côté de la France et
de la Suisse.

Comptez les distances, calculez les prix de
transport, surtout avec la surélévation des
tarifs qui grève les marchandises empruntant la
voie du tunnel des Alpes, la seule que nous
puissions utilement employer avec l'Italie, et
voyez si nous pourrions avantageusement com-
mercer avec elle ?

Et encore êtes-vous sûrs que son esprit fiscal, aiguillonné par la nécessité, n'établirait
pas de ce point un nouveau droit semblable à
celui qui jusqu'en 1860 a existé sur le mont
Cenis entre la Savoie et le Piémont, alors que
depuis 1789 les douanes entre les provinces
françaises avaient été abolies ?

La Savoie dépeuplée par la guerre, par la misère, tournerait de nouveau ses regards vers cette France si bonne, si hospitalière, décriée aujourd'hui pour les besoins de la triple alliance, mais qui est adorée de ses enfants, ainsi que le prouvent depuis vingt ans les Alsaciens-Lorrains.

Nous lui enverrions de nouveau notre jeunesse, celle cherchant l'instruction et une carrière, comme celle courant après son pain.

Et nous, malheureux survivants, désireux de mourir sur cette terre chérie, tombeau de tant d'êtres aimés, de tant de rêves, de nos dernières espérances, nous reprendrions le licol de la misère qu'ont porté si longtemps nos aïeux! Mais la rage, l'indignation remplaceraient chez nous le culte qu'ils avaient pour une famille immolant sans la moindre pitié un peuple entier à son orguil, à son ambition.

Nos enfants suceraient près de nous nos sympathies et notre suprême espoir, et cette Italie qui avait déjà une plaie : la papauté hostile, en aurait alors une seconde : la Savoie, italienne par force.

Oui, nous conserverions précieusement, comme une espérance, le souvenir d'un passé heureux, et si vous vouliez, Italiens, comprimer nos regrets, nos aspirations, nous déformer pour nous pétrir à votre image, si, en un mot, vous, les opprimés d'hier, deveniez les oppresseurs de demain, si vous alliez demander à vos alliés comment on courbe sous le joug un peuple frémissant, nous irions, nous, demander à votre histoire, à vos vieillards, à l'Alsace-Lorraine comment, quand on est faible, on entretient l'espoir en préparant la délivrance, comment on entretient la haine des tyrans ; nous apprendrions de vous à nous réunir dans l'ombre, à faire des Vêpres siciliennes, à être *carbonari* pour le salut de la patrie. Nous aurions sans doute des victimes avant d'avoir des triomphateurs, mais ces derniers viendraient sûrement. Car le sang est une semence, le martyre une propagande. L'auriez-vous déjà oublié ?

Aussi, pour nous épargner les hontes et les douleurs imméritées de l'esclavage, pour écarter les malheurs de tous genres de notre noble pays que nous, ses enfants, aimons et voulons tel qu'il est, pour éviter qu'on en fasse une colonie italienne et une fortification avancée contre la France, nous ferons tout ce qui est humainement possible, donnant à la victoire, toujours moins coûteuse que la défaite, tout ce que nous pourrons, et de grand cœur.

Nous imiterons nos ancêtres, avec cette différence qu'ils se sacrifiaient, eux et les leurs, pour un homme, pour une famille, tandis que nous travaillerons pour un peuple entier et pour les générations futures.

Nous nous défendrons en sauvages s'il le faut, car une nation ne doit reculer devant rien quand son existence est en jeu. Nous nous souviendrons des adjurations que vous adressait en 1848 le Français de Cormenin.

Et qui nous y aura contraints ?

N'est-ce pas cette politique haineuse, cupide, pressée de couvrir la Savoie et la France de sang et de ruines ?

Aussi, avec la liberté d'un descendant de ces Savoyards qui, pendant des siècles, ont fait la moisson pour la Maison de Savoie, de ces Savoyards qui, en 1848, 1849 et 1859 se sont vaillamment battus pour la cause italienne, m'adressant au revendicateur de notre pays, je lui dirai :

Non, Sire,

Le petit-fils de Charles-Albert qui, après avoir été abreuvé d'amertumes, fut poussé sur la terre d'exil, où il est mort, par l'empereur d'Autriche actuel votre allié,

Le fils de ce Victor-Emmanuel sur qui pesa si lourdement le pied victorieux de ce même François-Joseph empereur.

Le fils de ce Victor-Emmanuel qui, grâce au sang français, affranchit l'Italie en 1859, et vit la délivrance complète ajournée par Guillaume de Prusse votre allié, le même qui blâmait si vertement les agissements des unitaires italiens,

Ce petit-fils,

Ce fils,

mettant sa main dans celle des plus ardents ennemis de son grand-père et de son père, s'alliant avec les oppresseurs de sa patrie contre ceux qui en furent les libérateurs,

Ce roi d'Italie qui a répudié la maison de Savoie,

Ce roi d'Italie colonel autrichien,

Ce roi d'Italie fidèle grenadier allemand qui, pour déchirer un traité librement signé par son père, traité acclamé par les populations intéressées, monte la garde, le fusil chargé, autour de cette œuvre de sang et de violence nommée le traité de Francfort,

Ce petit-fils, ce fils, ce roi, cette trinité en vous ne peut pas être notre monarque.

Que votre sinistre politique fasse de vous l'Auguste ou l'Augustule de votre race, vous ne pourrez être notre Humbert, car le nôtre était

HUMBERT aux blanches mains.

III

Ce n'est pas à travers nos illusions ou nos vives sympathies que nous voyons la France, mais bien à travers la réalité, et les violentes attaques prodiguées par ses ennemis, par certaine presse recevant dans le monde entier le même mot d'ordre ne sont pas faites pour nous changer.

On a osé dire qu'elle était une incorrigible révolutionnaire partout détestée !

Pourquoi ? et par qui ?

Serait-ce parce qu'elle est la mère de cette rénovation sociale dont les effets, diversement appréciés, sont néanmoins inscrits dans les codes, les constitutions, et sont entrés dans les mœurs de toutes les nations policées ?

Si, à son aurore, l'idée nouvelle a coûté du sang et des ruines, n'est-ce pas surtout à celle qui lui donna le jour ?

Serait-elle détestée pour avoir puissamment contribué à l'affranchissement de la Grèce, ou bien pour avoir détruit ce nid de forbans, d'écumeurs de mer établi à Alger, la terreur des marines marchandes et des côtes chrétiennes ?

Louis-Philippe montra deux fois de l'énergie dans la politique extérieure : en devançant l'Autriche à Ancône, et en aidant les Belges à se constituer en un Etat indépendant aussitôt mis sous la protection des grandes puissances.

Seraient-ce là aussi des griefs ?

La République, en 1848, offrit son aide à l'Italie.

Le second Empire la lui donn. c . 1859.

Nous reprocheriez-vous cela, Grèce, Belgique, Italie, Europe ?

Il est vrai que la nation don Quichotte fut alors un instrument de troubles, qu'elle fut révolutionnaire au profit.... d'autrui, toujours.

Mais qu'était donc la Maison de Savoie quand, par la force ou par d'autres moyens, elle renversa les différents souverains d'Italie, — presque tous ses parents, — s'empara de leurs Etats ainsi que de ce pouvoir temporel des papes qui aurait dû lui être particulièrement sacré ? Car jusqu'en 1850 elle en avait été presque constamment la protégée.

Qu'était le roi de Prusse détrônant plusieurs souverains allemands, ses parents aussi, confisquant les trônes, les fortunes personnelles des uns, tandis qu'il réduisait les autres à des rôles de subalternes ?

Sommes-nous révolutionnaires parce que

nous nous mouvons librement, heureusement, dans des institutions libres, larges, pouvant toujours s'améliorer, parce qu'avec notre bulletin de vote nous pouvons changer dans notre gouvernement choses et gens, parce que nous supprimons ainsi les ébranlements, parce que nous sommes tranquilles alors que la plupart des monarchies sont agitées ?

Si c'est là de la propagande, elle est involontaire. D'ailleurs, les armements inouïs auxquels se livrent *les amis de la paix* sont plus éloquents que le plus habile ennemi, et les peuples sur qui pèseront les maux que l'on veut déchaîner sauront remonter à la source et se venger....

La France a toujours été jalousée, et si parfois de légitimes motifs de coalition contre elle ont existé, quels étaient ceux qui ont poussé plusieurs grandes puissances à se liguer contre Louis-Philippe, le Napoléon de la paix, et contre nous ?

Nous n'avons fermé notre cœur ni au souvenir, ni à l'espérance, nous n'avons pas brisé nos armes après 1870 ; des cris de haine et de colère ont éclaté parfois, c'est vrai, mais la Prusse après Iéna, l'Autriche après Sadowa, l'Italie après Novare et Custozza n'ont-elles pas fait absolument de même ?

Nous sommes un élément de discordes, prétend-on. Est-ce donc nous qui avons créé cette prétendue ligue de la paix, préparant fiévreusement la guerre et transformant le pain des peuples en moyens de destruction ?

Est-ce nous qui troublons l'Europe par des discours agressifs, par des provocations, par des incidents ridicules ?

Nous ne préparons qu'une énergique défense, et si c'est déjà un crime aux yeux de nos ennemis de ne point rester désarmés, il est moindre encore que celui d'avoir un commerce et une industrie que nos voisins estiment gênants, il est moindre que celui d'avoir des provinces et des colonies enviables et enviées. Au fond de cette triple alliance contre nature, au fond des ténébreux traités redoutant la lumière, il y a la *cupidité*, et c'est d'elle que vient le danger, car on ne voudra pas laisser improductifs des moyens d'action que l'on croit irrésistibles.

Dieu veuille que nos prévisions ne se réalisent point, que des ministres plus soucieux du bonheur des peuples que de la gloire et des caresses des rois arrivent enfin au pouvoir et reculent devant l'accablante responsabilité d'une guerre épouvantable mettant l'Europe à feu et à sang.

Quand à nous, Savoyards, nous souhaitons ardemment que le sang n'efface pas le passé et ne mette pas une haine inextinguible là où n'étaient que sympathies. Nous ne renions certes pas notre histoire, mais nous ne sacrifierons jamais notre bonheur actuel ni l'avenir, et parmi les défenseurs qui se presseront pour repousser toute attaque, pour empêcher de nouvelles spoliations, nous ne serons pas les moins ardents. Si nous avons mis des siècles de fidélité et de sacrifices aux pieds d'une famille ingrate et ambitieuse, que ne ferons-nous pas pour cette France qui de tout temps s'est montrée notre mère, alors qu'en dépit de la nature, malgré les affinités de race et de mœurs, malgré la langue commune, malgré tout, nous étions séparés d'elle. Ne la voyons-nous pas de règne en règne ouvrir ses portes à nos émigrants de toutes classes, donnant aux uns sciences, honneurs, dignités, asile et sécurité; aux autres, c'est-à-dire au plus grand nombre, prodiguant secours, travail, argent et même la fortune, alors que nos princes, nos protecteurs naturels, absorbés par les calculs constants de leur ambition, ne savaient ou ne voulaient sérieusement combattre la misère et chassaient ainsi, par l'indifférence et l'incurie, leurs sujets de la Savoie. 1792 et 1860 n'ont été que le fruit de tant de bienfaits français accumulés. Comment aurait-on pu sans cela expliquer la quasi unanimité des votes qui nous lia à la France? Depuis que nous sommes dans notre place naturelle, un bonheur inconnu, l'intérêt satisfait sont venus ajouter des liens matériels aux autres. Les mauvais jours n'ont pu altérer l'intimité de cette union, au contraire, car les efforts communs pour soutenir une noble cause, le sang répandu n'ont fait qu'augmenter notre attachement.

Aussi, qui songerait, ô mère bien-aimée, à nous séparer de toi? Ce ne pourrait être l'Europe monarchique, puisqu'un traité signé par deux souverains a consacré notre union; car je ne suppose pas que l'absence de toute trace de sang sur un traité signé en pleine paix par deux alliés puisse en diminuer la valeur.

Quant à ceux qui, sincèrement ou non, s'appuient sur la volonté nationale, pourraient-ils faire autre chose que s'incliner respectueusement devant le vote acquis et presque unanime des populations intéressées?

Rien d'avouable ne peut donc gêner l'élan de notre affection vers toi, et c'est à la fois la voix de la reconnaissance, de nos intérêts moraux et matériels, des générations présentes et passées qui, parlant par la bouche de notre vénérable député Blanc, a dit ces paroles que nous tous qui n'avons pas cessé d'être « les gens aux montagnes de glace et aux cœurs de feu (1) » répétons hautement, afin d'être entendus de nos amis comme de nos ennemis :

« France, nous sommes venus à toi parce que tu étais la bonté, la liberté,

» Nous t'aimons comme une mère chérie que nous avons retrouvée,

» Nous te servirons comme une mère adorée que nous ne voulons plus perdre. »

Robert PRINCENT

---

(1) Expression appliquée à nos ancêtres par le conventionnel Lacombe-Saint-Michel, revenant d'une mission en Savoie.